Christina Koenig wurde 1958 in Westfalen geboren und lebt heute in einem brandenburgischen Dörfchen bei Rheinsberg. Sie hat verschiedene Berufe ausgeübt, war Mitglied eines Marionettentheaters und studierte in Berlin und Rio de Janeiro Film und Kommunikation. Heute schreibt sie mit Lust und Liebe Bücher und Drehbücher und freut sich über Post, die der Verlag gerne weiterleitet.

Hans-Günther Döring, Jahrgang 1962, überlässt das Fußballkicken lieber den Profis! Seine große Leidenschaft gilt dem Zeichnen, der Fotografie und der Musik.
Er lebt mit seiner Frau und den beiden Töchtern in der Nähe von Hamburg.
2005 wurde er mit dem „Umweltpreis der Kinder- und Jugendliteratur" geehrt.

Christina Koenig

1:0 für die Strandkicker

Illustrationen von Hans-Günther Döring

Bibliografische Information Der Deutschen Bibliothek
Die Deutsche Bibliothek verzeichnet diese Publikation in der Deutschen Nationalbibliografie; detaillierte bibliografische Daten sind im Internet über *http://dnb.ddb.de* abrufbar.

Der Umwelt zuliebe ist dieses Buch
auf chlorfrei gebleichtem Papier gedruckt.

ISBN-10: 3-7855-5632-2
ISBN-13: 978-3-7855-5632-0
1. Auflage 2006
© 2006 Loewe Verlag GmbH, Bindlach
Umschlagillustration: Hans-Günther Döring
Reihenlogo: Angelika Stubner
Printed in Italy (011)

www.loewe-verlag.de

Inhalt

Bolzplatz ade 8

Das Glück ist rund 15

Ein Pokal aus Erdbeereis 25

Bolzplatz ade

Ab heute haben Maik und Linda

keine . Auch ihre  liegen

noch im  und schlafen.

Sogar die haben frei, bis

die  wieder anfängt.

„Psst", macht Maik zu Linda.

Auf schleichen sie aus dem .

Sie wollen zum , eine

weiter. Denn ab heute wird

gespielt, bis die  qualmen.

Maik und Linda sind verrückt nach .

Auf dem 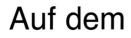 sind schon

einige  versammelt.

Maik darf heute sein. Er

scheucht die  über den ,

damit ihre warm werden.

„Dalli, dalli", ruft er dabei und

trillert mit seiner .

„Seid ihr , oder was?"

Als die  üben, zeigt

Linda, was sie kann.

Sie nimmt Willis  mit dem

an und köpft ihn knapp an

der  vorbei ins .

Alle jubeln begeistert: „!"

Abends sind Linda und Maik

hungrig wie die .

„Super! !", rufen beide, als sie

in die  stürmen.

Da klopft der mit dem an

sein .

„Überübermorgen fliegen wir mit

dem ", verkündet er feierlich.

„In ein tolles  direkt am ."

„So ein !", rufen Linda und Maik

wie aus einem .

„Und was ist dann mit ?!"

Das Glück ist rund

Am ![] gibt es keinen ![] und

kein ![] , soweit das ![] reicht.

Nur ![] , ![] und nochmal ![] .

Und die ![] brennt vom ![] .

„Ich vermisse unseren ![] so“,

sagt Maik traurig.

„Ich erst“, stöhnt Linda.

Wie zwei  liegen sie zwischen

ihren selbst gebauten  und

träumen von fliegenden .

Auf einmal plumpst etwas hart

auf Lindas .

„Ein !", ruft Maik und springt auf.

Ein paar  kommen

wie ein  auf sie zugestürmt.

Maik schießt den  lässig zurück.

Und schon sind die  in der

nächsten 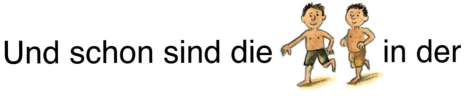 verschwunden.

Maiks   leuchten.

„Ob die uns mitspielen lassen?"

Linda zuckt mit den  und

rennt einfach los.

Kurz hinter dem  haben sie

die eingeholt.

„Haben die gar keine  dabei?", fragt Linda verwundert.

Tatsächlich treten nur das runde .

„Dürfen wir mit euch spielen?!",

ruft Maik so laut er kann.

Aber die verstehen ihn nicht.

Wie wild gewordene rasen

sie über den . Jeder versucht,

den 🏐 zu erwischen und zwischen

zwei 🪵 zu schießen, die

das ⛳ sein sollen.

„Die spielen wie die ",

mault Linda.

Plötzlich fliegt der auf Linda zu.

Sie stoppt ihn mit dem linken

und gibt ihn schnell ab an Maik.

Der rennt wie ein geölter ⚡ zum 🥅.

Sofort wird Maik von drei bedrängt. Sie wollen ihm das wieder abknöpfen. Aber Maik dribbelt, schlägt zwei und landet den sicher im .

Linda und Maik brüllen: „!"

Sie fallen sich glücklich um den .

Es ist ihr erstes , seitdem sie

aus dem  gestiegen sind.

Die anderen stehen

unschlüssig herum.

Doch dann pfeift einer durch die .

Jetzt wird es ernst.

Ruckzuck bilden sich zwei .

Eine hat sieben, die andere

sechs .

Ein Pokal aus Erdbeereis

Mit seinen steckt Maik ein

zweites ab. Er ist mit Linda in

der größeren . Alles ist ein

bisschen anders als sonst. Es gibt

keinen . Auch keine .

Dann wirft ein den ein,

und ab geht die .

Mit nackten haben Maik und

Linda den  noch nie getreten.

Das geht nur mit den .

Sonst haut es einem die weg.

Außerdem ist es viel anstrengender,

auf  zu laufen als auf .

Irgendwann, niemand achtet auf die , fliegt der erste ⚽ durch die 🩴.

"🥅!", rufen die 👦👦 der anderen 👦👦 und legen prompt noch ein zweites 🥅 nach.

„So ein ", sagt Linda zu Maik.

„Wir müssen mehr machen!"

Linda bohrt den in den

wie ein angriffslustiger .

Dann saust sie los wie eine .

Sie trickst zwei  aus, holt sich

den  und stürmt zum .

Jetzt erst bemerkt Linda

die  vor dem .

Sie feuern Linda begeistert an.

Aber Linda versteht nur .

Plötzlich ist sie von einem ⭕

gegnerischer umzingelt.

Kein einziges 🏉 ist zu sehen, wo

sie den ⚽ durchschießen könnte.

Da lupft Linda den ⚽ senkrecht

hoch und kickt ihn mit dem 👧 weit

über die anderen 👦👦 hinweg.

Ein  aus ihrer hechtet

herbei. Er schießt, und der

landet WOOMMM im .

Die klatschen und toben,

dass der ganze wackelt.

Das war ein großartiges !

Plötzlich schwebt ein roter herbei. Die  machen   groß wie . Ein aus ist das! Der kommt genau richtig!

Hinter dem grinst der .

Und dann gibt es für alle.

Als die  schon tief steht,

trudeln Maik und Linda wieder bei

ihren  ein. Müde und glücklich

bis zu den . Denn

bedeutet ihnen schließlich alles!

Und gleich danach kommt .

Die Wörter zu den Bildern:

 Schule   Socken

 Eltern   Kinder

 Bett   Trainer

 Wecker   Rasen

 Zehenspitzen   Muskeln

 Haus   Pfeife

 Bolzplatz   Schnecken

 Kreuzung   Kopfball

 Fußball   Kopf

Seitenlatte
 Hotel

 Tor
 Meer

 Wölfe
 Mist

 Pizza
 Mund

 Küche
 Auge

 Vater
 Wasser

 Löffel
 Sand

 Glas
 Sonne

 Flugzeug
 Himmel

Riesen
 Besen
 Sandburgen
 Holzstücke
 Rücken
 Wildschweine
 Jungen
 Fuß
 Wirbelwind
 Blitz
 Bucht
 Haken
 Schultern
 Hals
 Eiswagen
 Zähne
 Mädchen
 Mannschaften
 Leder
 Spieler

	Badelatschen		Zuschauer
	Torwart		Bahnhof
	Fußballschuhe		Kreis
	Post		Loch
	Fußseiten		Turm
	Zehen		Spiegeleier
	Uhr		Pokal
	Dampf		Erdbeereis
	Stier		Eisverkäufer
	Rakete		Nasenspitzen